Vera Smirnova

In Russian?
With Pleasure!

Grammar workbook & exercises
Book 2

English version

2017

© 2017 Vera Smirnova
© 2017 Vera Smirnova & Co – EWIS

No part of this publication may be reproduced by any means without the permission of Vera Smirnova and copyright holders.

Editor: A.Efendieva
Design: Adem
Pictures: Vera Smirnova & Co – EWIS

This grammar workbook is an annex to the textbook «In Russian? With pleasure!», book 2. It covers grammatical material used for speech skills pursuant to the topics of the textbook lessons.

Each lesson in the grammar workbook corresponds to a lesson of the textbook «In Russian? With pleasure!». Each lesson gives a detailed explanation of the studied topics of grammar, followed by exercises.

At the end of the grammatical workbook the keys to exercises are given, as well as the tables of studied cases of nouns, adjectives, personal pronouns and the use of prepositions.

This grammar workbook does not give a total review of the grammar of the Russian language. It covers exclusively the grammatical material, needed for the study of the topics of book 2 «In Russian? With pleasure!».

«The grammar workbook & exercises, Book 2» exists in an **English version** and in a French version.

The textbook «In Russian? With pleasure!» is intended for adults beginning to study Russian, as a foreign language.

It can be used both in the conditions of a multilingual environment and in a Russian-speaking environment. Book 2 - the second part of three - is designed for 60-70 hours of lessons with a teacher in groups of multilingual students or for self-study with a view to reviewing. The structure and the submission of material correspond to level A2 in the European system of references CECRL.

The present textbook has been checked in the multilingual environment of Brussels. It has been used for a few years in the Russian language courses in Brussels at the school "Vera Smirnova Co - East-West Information Services", in the evening courses in Institut Libre Marie Haps, as well as in various companies and organisations.

We would like to express our sincere gratitude to Richard Wapensky and Ellen Townsend for their help with the English version.

Vera Smirnova

ISBN 978-2-930549-08-8
Vera Smirnova & Co-EWIS
200 Avenue de la Chasse
1040 Bruxelles, Belgique

Dépôt légal : D/2017/11.749/1

CONTENTS

Lesson 1 4

Lesson 2 5

Lesson 3 7

Lesson 4 10

Lesson 5 11

Lesson 6 14

Lesson 7 18

Lesson 8 18

Lesson 9 21

Keys to exercises 24

Table of noun declension: genitive, accusative, prepositional 27

Adjectives: accusative, prepositional 30

Personal pronouns: nominative, genitive, accusative, prepositional 31

Prepositions + cases 32

Урок 1 / Первый урок — Lesson 1

1. Numbers 1 and 2.
In Russian the number 1 has three genders and plural : один, одна, одно, одни.
It agrees with the gender of noun.

Один компьютер. Одна книга. Одно письмо.

It is also used to mean «being alone».
Виктор один ужинает дома. Татьяна одна смотрит телевизор. Дети дома одни.

The number 2 has two forms:
Два – for masculine and neuter
Две – for feminine.

Здесь два компьютера. У меня есть два пальто. Здесь две книги.

Other numbers have only one form for all genders.

2. Use of the cases after the numbers.
The number 1 (and compound numbers: 21, 31, ……, 101 etc.) are followed by the singular nominative of the noun.

Один час. Одна минута. Одно письмо.

Двадцать один час. Двадцать одна минута. Двадцать одно письмо.

The numbers 2, 3, 4 (and compound numbers: 22, 23, 24, …. 104 etc.) are followed by the singular genitive of the noun.

Два часа. Две минуты. Двадцать два часа. Двадцать две минуты.

After all other numbers, the noun has the form of the genitive plural.

Сейчас пять часов двенадцать минут. Сейчас девятнадцать часов восемь минут.

3. The forms of:	hour	minute
Nominative singular	час	минута
Genitive singular	часа	минуты
Genitive plural	часов	минут

4. The answer to the question «When …» - «Когда?...» or «What time …?» – «Во сколько часов...?»

To answer the question: «at what time do we meet?», it is necessary to put the preposition «в» before saying the hour.

- Когда мы встречаемся? – Мы встречаемся **в** пять часов.
- Во сколько часов открываются магазины? – **В** 10 часов.

5. Duration of an action
To express the duration of the action, you should not put the preposition «в»

- Сколько времени ты смотрел телевизор? – Я смотрел телевизор 3 часа.
- Сколько времени ты делала эту работу? – Я делала эту работу 1 час.

The duration of the action is expressed in the accusative. Only the forms with the number «одна» (feminine) change.
Я тебя жду одну минуту. Я делала эту работу одну неделю.
But:
Виктор отдыхал один месяц. Он изучал русский язык один год.

6. The forms of the words: день   месяц   год   неделя

Nominative singular	день	месяц	год	неделя
Genitive singular	дня	месяца	года	недели
Genitive plural	дней	месяцев	лет	недель

7. The words - сколько, много, мало, несколько – are always followed by the genitive plural.

Сколько лет вы учились? Татьяна была в Париже несколько дней.

УПРАЖНЕНИЯ / EXERCISES

А. Put in *один, одна, одно, одни* :

1. ..... книга. 2. ..... окно. 3. ...... телевизор. 4. ..... письмо. 5. ..... театр. 6. ...... документ. 7. Дети ..... смотрят телевизор. 8. Сегодня вечером Виктор дома .... 9. Татьяна ...... гуляет в парке.

Б. Put in *два, две* :

1. .... часа. 2. ..... минуты. 3. .... месяца. 4. ..... недели. 5. Двадцать .... часа тридцать .... минуты.

В. Put in the correct form of the words *час* **and** *минута* :

1. Двадцать два час... две минут... . 2. Один час... пятнадцать минут... . 3. Три час... сорок две минут... . 4. Пятнадцать час... пятьдесят минут... . 5. Двенадцать час... семнадцать минут... . 6. Четыре час... двадцать одна минут... .

Г. Put in where necessary, the preposition «в» :

1. Когда открывается почта? - ..... 8 часов. 2. Сколько времени ты сегодня работал? - ..... 8 часов. 3. Когда вы начинаете работать? - ..... 9 часов 30 минут. 4. Когда вы кончаете работать? - ..... 6 часов. 5. Сколько времени Виктор смотрел вчера телевизор? - ..... 5 часов. 6. Сколько времени вы делали эту работу? - ..... 2 часа. 7. Когда вы встречаетесь? - .... 7 часов. 8. Во сколько часов начинается концерт? - ..... 8 часов. 9. Сколько времени Поль был в Москве? - ..... одну неделю.

Д. Write in the correct form of the words *день, неделя, месяц, год* :

1. Я работаю в фирме один ..... (год). 2. Мы отдыхали одну .... (неделя). 3. Татьяна училась в Париже шесть .... (месяц). 4. Виктор переводил текст пять .... (день). 5. Антон не работал два .... (месяц). 6. Татьяна и Олег живут в Нью-Йорке уже десять .... (год). 7. Раньше они жили два ....(год) в Испании. 8. Иван изучает английский язык только пять .... (неделя), а испанский язык только три .... (неделя). 9. Российские инженеры работали в нашей фирме один .... (месяц). 10. Я читала эту книгу четыре .... (день). 11. Ирина была в Париже один .... (день).

Урок 2 / Второй урок — Lesson 2

1. The days of the week

To answer the question"What day is it today?"- «Какой сегодня день?», we use the nominative to indicate the day of the week.

- Какой сегодня день? – Сегодня <u>суббота</u>.

To answer the question"When?"– «Когда?» we use the accusative with the preposition «в» to indicate the day of the week.

- Когда вы отдыхаете? – <u>В субботу</u> и <u>в воскресенье</u>.

2. Verbs Идти/Ходить; Ехать/Ездить

You already know the verbs «идти» (Go on foot) and «ехать» (Go by ground transport). These are «verbs of motion».

The verbs «идти» and «ехать» indicate the movement with a purpose, in one direction only. We also call them «the unidirectional verbs».

Я иду на работу.   Я еду на море.

The unidirectional verbs have their couples - the multi-directional verbs. These are the verbs which indicate movement in several directions or repetitive action: ходить и ездить.

Идти   -   Ходить   Ехать   -   Ездить

The multi-directional verbs used in the past tense indicate the movement to go and return: the fact of going somewhere and returning.

Вчера мы ходили в театр = Вчера мы были в театре.
В воскресенье мы ездили на море = В воскресенье мы были на море.

The verbs «ходить» and «ездить», as the verbs «идти» and «ехать» are followed by the accusative.

To know where you went, we ask the question «куда?»

- Куда Олег ходил вчера? – Вчера он ходил в ресторан.
- Куда вы ездили в выходные дни? – Мы ездили на дачу.

3. The words: Почему? Потому что … Поэтому…

The question «Почему?» (Why?) is asked to know the reason for doing or for not doing something. To explain the reason, we use the conjunction «потому что…» (Because)

- Почему ты не смотришь фильм? – Я не смотрю фильм, потому что он неинтересный.
- Мы не идём гулять, потому что сегодня плохая погода.

To express the consequence of the action, we use the adverb «поэтому…» (That is why) .

Этот фильм неинтересный, поэтому я его не смотрю.
Сегодня плохая погода, поэтому мы не идём гулять.

4. The adverb «назад».

To say that an event took place a while ago, we use the adverb «назад» preceded by the words which indicate the time, in the accusative.

Час назад я была в аптеке. Неделю назад мы ещё были в Петербурге.
Пять лет назад Татьяна училась в Москве.

УПРАЖНЕНИЯ / EXERCISES

A. Answer the questions by using the days of the week:

1. Когда вы работаете? .... 2. Когда вы отдыхаете? ....
3. Когда вы были в ресторане? .... 4. Когда вы были в кино? ....
5. Когда вы были в магазине? .... 6. Когда вы смотрели интересный фильм? ....
7. Когда вы были на море? ....

Б. Put the verbs «ходить» / «ездить» in the past tense:

1. Последний раз Пётр .... в Брюссель три года назад. 2. Когда мы отдыхали, мы каждый день .... на пляж пешком. 3. В выходные дни мы .... в Париж. 4. На сколько дней ты .... в Данию? 5. Куда ты .... вчера вечером? 6. Днём мы .... обедать в ресторан. Он находится близко. Всего 5 минут пешком.

В. Use the words «потому что» / «поэтому»:

1. Почему ты не едешь на море? - .... я сегодня работаю.
2. У меня не было времени, ... я не сдал эту работу.
3. Я не ходил на футбол, ... у меня не было билета.
4. У нас сегодня делегация, ... вечером мы идём ужинать в ресторан.

Г. Answer the questions by using sentences with the word «назад»:

1. Когда у вас был последний отпуск? - .... (3, месяц)
2. Когда ты ездил на море? - .... (неделя)
3. Где ты была................ .... (2, час)? - Я тебе звонила.
4. Когда Виктор жил в России? - .... (5, год)
5. Татьяна начала работать в фирме .... (7, месяц)

Урок 3 / Третий урок   Lesson 3

1. The future tense of verbs

There is only one form of the future tense in the Russian language.
Most of the verbs which you learnt form the future with the conjugated form of the verb
«Быть» (я буду, ты будешь, он/она будет, мы будем, вы/Вы будете, они будут) + the infinitive of the verb.

                    Завтра вечером я буду читать книгу и смотреть телевизор.

You already know that the verb «Быть» in the present is not used. But it is used in the past and in the future tenses.

Вчера Виктор был на конференции. Сегодня Виктор на конференции. Завтра Виктор будет на конференции.
- Ты будешь завтра на конференции? – Да, буду.

2. The verbs «Пойти», «Поехать»

To express the intention in the future to go somewhere, we use the verbs «Идти» and «Ехать» by adding the prefix «по»: «Пойти» / «Поехать». (When we add prefixes to the verb «Идти» the root of this verb changes and becomes «-йти» - пойти)

Завтра вечером мы пойдём обедать в ресторан.
В субботу они поедут на море.

3. The adverb «через».

To say that an event will take place some time in the future we use the adverb «через» followed by the words which indicate the time in the accusative case.

<u>Через неделю</u> Виктор поедет в Москву.
<u>Через два года</u> Елена будет жить в Брюсселе.

4. The prepositional case (VI) of nouns

You already know the function of the prepositional case to determine the place where a person or an object is. (Игорь живёт в России. Театр находится в центре).

The other function of the prepositional is to indicate the object of the word, the thought. In this case, we use the preposition «о/об». You know the endings of the nouns in the prepositional. (See Manuel - Book 1, lesson 8).

To know about whom or about what a person speaks, we ask the question:

«О ком вы говорите?» «О чём вы говорите?»

«Ком» and «Чём» it is the prepositional of «Кто» and «Что».

- О ком вы думаете? – Я думаю о детях.
- О чём вы говорите? – Мы говорим о фильме.
- О ком вы говорите? – Мы говорим об актрисе.

5. The prepositional case of the personal pronouns:

Кто?	О ком?	Кто?	О ком?
Я	Обо мне	Мы	О нас
Ты	О тебе	вы/Вы	О вас
Он	О нём	Они	О них
Она	О ней		

6. The prepositional case (VI) of adjectives

Here are the endings of adjectives in the prepositional.

		Nominative Какой? Какое?	Prepositional в/на/о каком?	
M N		Этот/тот старый красивый дом. Это/то новое пальто	В этом/том старом красивом доме Об этом/том новом пальто	-ом
			After consonants Ж, Ш, Щ, Ч, when the ending is not stressed and after soft consonants (as in the adjective синий) – the ending becomes soft	
		Хороший друг Синий костюм	О хорошем друге В синем костюме	-ем
		Какая?	**В/на/о какой**	
F		Эта русская фирма	В этой русской фирме	-ой
			After consonants Ж, Ш, Щ, Ч, when the ending is not stressed and after soft consonants (as in the adjective синий) – the ending becomes soft	
		Хорошая подруга Синяя блузка	О хорошей подруге В синей блузке	-ей

PL		**Какие?**
		Эти/те новые дома
		     здания
		     книги
			в/на/о каких?
			Об этих/тех новых домах
			     зданиях
			     книгах
				-ых

			After consonants Г, К, Х, Ж, Ш, Щ, Ч and after soft consonants (as in the adjective синий) – the ending becomes soft	
		Коммерческие дела	О коммерческих делах	-их

You see that the soft ending appears after consonants Ж, Ш, Щ, Ч, when the ending is not stressed and after soft consonants as in the adjective «синий».

Мы говорим о хорошем друге и о хорошей подруге.

You remember that after consonants Г, К, Х, Ж, Ш, Щ, Ч, we do not ever write «ы». Here the ending in the plural «-ых» becomes «-их».

УПРАЖНЕНИЯ / EXERCISES

А. Put the sentences in the future tense:

1. Сегодня вечером Антон .... (смотреть) телевизор. 2. Завтра я .... (отдыхать) весь день. 3. В субботу мы .... (играть) в теннис. 4. Ты .... (ужинать)? 5. Вы .... (читать) эту книгу? 6. Они .... (изучать) русский язык в России. 7. Ты .... (есть) пиццу? 8. Вы .... (быть) завтра в институте?

Б. Put the sentences in the future tense:

1. Вчера Татьяна ездила на море. Завтра ....
2. Вчера мы ходили в театр. В четверг ....
3. На прошлой неделе мы ездили в Париж. На будущей неделе ....
4. Позавчера Игорь ходил на футбол. Послезавтра ....

В. Answer the questions by using sentences with the word «через»:

1. Когда ты пойдёшь на семинар? - .... (5, минута)
2. Когда у вас будет отпуск? - .... (2, неделя)
3. Когда ты будешь звонить в Москву? .... (полтора, час)
4. Когда Антон поедет работать в Англию? – Он думает, что .... (5, год)

Г. Ask questions relating to the underlined words:

1. Мать думает о детях. ....?
2. Мы разговариваем о книге. ....?
3. Они смотрели передачу о Франции. ....?
4. Эта книга о собаках. ....?

Д. Put the personal pronouns in the correct form:

1. Я думаю о .... (ты). 2. Это наш друг Александр. Мы разговариваем о .... (он). 3. Ты слышал об этой актрисе? – Да, я слышал о .... (она). 4. Я давно вас не видела. Я думала о .... (вы). 5. Наши друзья живут в России. Мы думаем о .... (они). 6. Вы помните о .... (мы)? – Мы вместе отдыхали в Сочи. 7. Эта статья обо .... (я).

Е. Put the adjectives in the correct form:

1. Я живу в .... гостинице (красивая). 2. Виктор рассказывает об .... путешествии (интересное). 3. Мы говорим о .... друге (хороший). 4. Татьяна мечтает об .... жизни (интересная). 5. Иван Петрович думает о .... делах (серьезные). 6. Виктор был в .... странах (европейские). 7. Ирина думает о .... подруге (хорошая).

Ё. Ask questions using the word «какой» in the correct form:

1. В .... странах вы были? 2. О .... актрисе вы говорите? 3. В .... гостинице вы жили? 4. В .... фирме ты работаешь? 5. О .... актёре пишут в газетах? 6. О .... путешествии рассказывает Ирина? 7. В .... фильмах играет этот актёр?

Урок 4 / Четвёртый урок — Lesson 4

Revision

A. Choose the correct answer (lessons 1, 2 and 3):

1. У меня есть только .... русская книга.	А. Одно
2. Дети дома	Б. Один
3. Я получила .... письмо.	В. Одни
4. Виктор гуляет в парке	Г. Одна
5. Сколько времени ты читал книгу?	А. В 3 часа
6. Когда начинается фильм по телевизору?	Б. 3 часа
7. Когда ты отдыхаешь?	А. Субботу Б. Суббота В. В субботу
8. Сколько .... в неделю ты работаешь?	А. День Б. Дней В. Дня
9. Антон два .... учился в Лондоне.	А. Года Б. Лет В. Год
10. Виктор писал книгу восемь	А. Месяца Б. Месяц В. Месяцев
11. Я тебя жду .... минуту.	А. Один Б. Одну В. Одна
12. Какой сегодня день?	А. Пятница
13. Когда ты идёшь в театр?	Б. В пятницу
14. Сколько .... Вы работаете?	А. Год Б. Года В. Лет

Б. Put the verbs *ходить/ездить/быть* in the past tense (lesson 2):

1. Вчера утром Наташа .... в библиотеку. Она находится близко – 5 минут пешком. 2. Она .... в библиотеке два часа. 3. В воскресенье Виктор .... на машине на дачу. 4. Он .... там один день.

В. Ask questions *Куда? Где?* (lesson 2):

1. .... вы были в воскресенье? 2. .... ты работаешь? 3. .... ездил Александр летом? 4. .... живёт Татьяна? 5. .... ты идёшь сегодня вечером? 6. .... ты ходила сегодня утром?

Г. Write *Назад/через* (lessons 2 and 3):

1. Два часа .... я была в магазине. 2. .... час я пойду на работу. 3. Что вы будете делать .... 5 лет? 4. Пять лет .... Антон жил и работал в Голландии.

Д. Write *потому что/поэтому* (lesson 2):

1. Я не смотрю этот фильм, ... он неинтересный. 2. Антон не идёт на футбольный матч, ... у него нет билета. 3. В субботу я работаю, ... я не могу поехать на дачу. 4. Татьяна любит детей, ... она работает в школе.

Е. Write the verbs *идти, ходить, пойти, ехать, ездить, поехать* **(lessons 2 and 3):**

1. Парк находится близко и сейчас я .... туда пешком. 2. Завтра я .... на поезде на море. 3. Час назад Максим .... в библиотеку. Это близко. 4. Как вы .... на работу? 5. Куда вы .... отдыхать летом? 6. Ты .... завтра в дискотеку?

Ё. Ask questions *о ком/о чём* **(lesson 3):**

1. Мы говорим о друзьях. ....? 2. В письме я пишу о путешествии. ....? 3. Мы разговариваем о психологии. ....? 4. Мы вспоминаем о друге. ....?

Ж. Put the personal pronouns in the correct forms (lesson 3):

1. Я часто думаю .... (ты). 2. Директор спрашивал .... (я)? 3. Я ничего не знаю .... (она). 4. Мы часто вспоминаем .... (они). 5. Ты читал .... (мы) статью? 6. .... (он) пишут в газетах. 7. Мы часто думаем .... (вы).

З. Ask questions using the word «какой» in the correct form, pay attention to the prepositions (lesson 3):

1. .... доме вы живёте? 2. .... этаже вы живёте? 3. .... газете пишут о Викторе? 4. .... путешествии вы мечтаете? 5. .... городе он живёт? 6. .... проблемах пишут в газетах? 7. .... выставке вы были? 8. .... актрисе вы читаете? 9. .... агентстве вы покупали билет? 10. .... континентах находится Россия?

И. Put adjectives in the correct forms and with the correct preposition (lesson 3):

1. Мы живём .... доме.
(большой, маленький, красивый, новый, старый, уютный, современный)
2. Татьяна мечтает .... жизни.
(красивая, интересная, лёгкая, романтичная, нетрудная)
3. Виктор любит читать .... проблемах.
(политические, финансовые, экономические, социальные, семейные)

Урок 5 / Пятый урок — Lesson 5

Aspects of the verbs

1. The verbs in Russian appear in couples and are divided into two groups, indicating the way the action takes place - the action which repeats, simultaneous actions, unique action, finished action etc.
We speak about the aspect of the verb - a notion which is characteristic for the Russian language and several Slavic languages: the imperfective aspect and the perfective aspect.

Imperfective aspect	Perfective aspect
Читать	Прочитать
Делать	Сделать
Писать	Написать
Завтракать	Позавтракать

The verbs indicating the same action can be used with the imperfective aspect or the perfective aspect (see the explanations further).

2. The main meanings of aspects are presented in the following table:

	Imperfective aspect	Perfective aspect
1.	**Observation of a fact** (Only the fact of doing something interests us) - Что ты делал вчера вечером? - Я читал книгу и смотрел телевизор.	
2.	**Duration of the action** (In the context, we see the words to indicate the duration: долго, недолго, весь день, один час etc.) - Сколько времени ты читал книгу? - Я читал книгу два часа.	**Result of the action** (The action is finished. There is a result) - Ты прочитал книгу? - Да, я прочитал её вчера.
3.	**Repetition of the action** (In the context, we see the words to indicate that the action repeats: обычно, всегда, никогда, каждый день, часто, редко etc.) Татьяна всегда опаздывает на занятия.	**Unique action** (The exclusive action, which occurs once) Сегодня она не опоздала.
4.	**Simultaneous actions** (Several actions which take place at the same time) Когда я ужинаю, я смотрю телевизор.	**Actions which follow each other** (After a finished action, the other one begins) Виктор поужинал, потом начал читать книгу.
5.	**Negation of the action** (The action did not even begin) Вчера я не смотрел телевизор.	**Negation of the result of the action** (The action was begun, but was not finished) Я еще не прочитала книгу, потому что она очень большая.

The verbs **начинать/начать; продолжать/продолжить; кончать/кончить** <u>are always followed by the imperfective of the verbs.</u>

Я начала писать статью в 10 часов.
Я продолжала её писать 3 часа.
Я кончила писать статью в 13 часов.

3. Formation of the aspectual couples

The perfective aspect is formed in most of the cases by adding the prefix to the imperfective verb. Prefixes are different: -про-; с-; по-; на-; при- etc.:

Читать – прочитать; делать – сделать; писать – написать; готовить - приготовить

In other cases, we delete the suffix:

Опаздывать – опоздать ; вставать – встать

Certain couples are formed with different verbs:

Говорить – сказать; брать – взять

Considering the diversity of the formation of aspectual couples, try to learn both verbs (perfective and imperfective) on the page 29 of your textbook.

4. The tense system of the aspects of the verbs

The imperfective verbs are used in the past, in the present and in the future tenses.

Вчера я читал книгу. Сейчас я читаю книгу. Завтра я буду читать книгу.

The perfective verbs are used only in the past and in the future tenses, because the perfective indicates the end, the result of the action, the action wich is achieved. We can also foretell the end or the result of the action in the future.

Вчера я прочитал книгу. Завтра я прочитаю книгу.

5. Forms of the past and of the future of the perfective verbs

The past of the perfective verb is formed in the same way as the past of the imperfective verb.

Вчера Виктор читал книгу. Вчера Виктор прочитал книгу.

Вчера Татьяна писала письмо. Вчера Татьяна написала письмо.

The future of the perfective verb is formed by adding the endings of the present.

Imperfective	Perfective
Я читаю/Я готовлю	Я прочитаю/Я приготовлю
Ты читаешь/Ты готовишь	Ты прочитаешь/Ты приготовишь
Он/она читает/Он/она готовит	Он/она прочитает/Он/она приготовит
Мы читаем/Мы готовим	Мы прочитаем/Мы приготовим
Вы читаете/Вы готовите	Вы прочитаете/Вы приготовите
Они читают/Они готовят	Они прочитают/Они приготовят

УПРАЖНЕНИЯ / EXERCISES

A. Use the correct aspect of the verb (the first verb is in the imperfective, the second is in the perfective):

1. (Делать/сделать) - Что ты .... вчера?
2. (Читать/прочитать) - Вчера я .... газеты.
3. (Читать/прочитать) - Сколько времени ты .... газеты? – Я .... газеты двадцать минут. – Ты .... все газеты? – Нет, я .... только две газеты.
4. (Покупать/купить) - Где ты обычно .... газеты? – Обычно я их .... утром в киоске, но сегодня утром я их .... в метро.
5. (Ужинать/поужинать; смотреть/посмотреть) Когда я .... , я .... фильм.
6. (Ужинать/поужинать; смотреть/посмотреть) Сначала я ...., потом начал .... фильм.
7. (Смотреть/посмотреть) Не надо .... этот фильм, потому что он неинтересный.
8. (Делать/сделать) – Татьяна, ты .... все упражнения? – Нет, я не .... одно упражнение, потому что оно очень трудное.

Б. Write the couple of the verb: (verify on the page 29 of your textbook)

Читать	Писать	Делать.............................
Звонить	Завтракать	Думать ....
Готовить	Встречать	Спрашивать......................
Рассказывать	Показывать	Покупать ....
Понимать	Забывать	Опаздывать......................
Брать	Говорить	Давать ....

B. Put the sentences in the future tense, use the perfective verbs:

1. Вчера я сделал эту работу. Завтра я ....
2. Я уже прочитал эту книгу. Завтра я ....
3. Вчера Татьяна позвонила в Москву. Завтра ....
4. Вчера Антон написал два письма. Завтра ....
5. Вчера мы купили словари. Завтра ....
6. Виктор опоздал на занятия. Завтра ....

Урок 6 / Шестой урок — Lesson 6

1. The accusative of nouns

You have already learnt a part of the accusative case (IV) to indicate the object of the action and its use with the verbs of motion «идти» and «ехать».
You have learnt the endings of the accusative of nouns indicating objects.
Now, you will learn the accusative of nouns indicating people.
Here are the endings of the accusative of nouns indicating people (animate nouns) and objects (inanimate nouns):

	SINGULAR		
	Nominative Кто?	**ANIMATE** **Accusative** Кого?	
M	Друг Антон Преподаватель Николай	Друга Антона Преподавателя Николая	-а -я
		INANIMATE **Accusative = Nominative**	
	Что?	Что?	
M N	Журнал Документ Концерт Письмо	Я читаю журнал Я пишу документ Я слушаю концерт Я пишу письмо	As the nominative
		ANIMATE AND INANIMATE	
F	Кто? Что? Подруга Татьяна Наталья Газета Статья Площадь	Кого? Что? Подругу Татьяну Наталью Я читаю газету Я пишу статью Я люблю эту площадь	- а → - у - я → - ю - ь
	PLURAL Кто? Студент Гений	**ANIMATE** Кого? Студентов Гениев	 -ов -ев
M	Писатель Врач Товарищ	Писателей Врачей Товарищей	If the endings are: ь, ж, ш, щ, ч the ending becomes: -ей
F	Актриса Лошадь Мария	Актрис Лошадей Марий	а → no ending ь → ей ия → ий
	PLURAL	**INANIMATE**	
M/F N F	Журналы и газеты Письма Лекции	Я читаю журналы и газеты Я пишу письма Я слушаю лекции	As the nominative

In the accusative, it is important to pay attention to the notion «animate» and «inanimate».
The inanimate masculine gender nouns and the nouns of the neuter gender in the accusative have the same form as in the nominative.
The accusative singular of both the animate and inanimate feminine nouns changes.
The inanimate plural of all the genders has the same form as in the nominative.

The question in the accusative for people and animals is «Кого?»

- **Кого** ты встретила в театре? – В театре я встретила друга и подругу.

The question for objects is «Что»

- **Что** ты читаешь? – Я читаю газету и журнал.

To remember!

	Именительный падеж Nominative, sing/pl	Винительный падеж, мн.ч. Accusative, plural
Masculine	Брат/братья	братьев
	Друг/друзья	друзей
	Сын/сыновья	сыновей
	Сосед/соседи	соседей
	Человек/люди	людей
	Ребёнок/дети	детей
	Родитель/Родители	родителей
Feminine	Сестра/сёстры	сестёр
	Мать/матери	матерей
	Дочь/дочери	дочерей

2. The accusative of personal pronouns

Я - меня   Ты – тебя   Он – его   Она – её   Мы - нас   Вы - вас   Они - их

- Ты видел Виктора? – Да, я видел его вчера.
- Где вы ждёте нас? - Мы ждём вас в театре.

Nouns in the masculine and neuter which indicate objects are replaced by «его».
Nouns in the feminine which indicate objects are replaced by «её».
Objects in the plural, independently of the gender, are replaced by «их».

- Ты написал документ? – Да, я его написал утром.
- Ты получил письмо? – Да, я его получил вчера.
- Ты нашёл книгу? – Нет, я её не нашёл.
- Ты прочитал эти документы, статьи, письма? – Да, я их прочитал вчера.

3. The accusative of adjectives

Here are the endings of adjectives in the accusative:

	SINGULAR Nominative Какой? Старый друг Новый профессор	ANIMATE Accusative Какого? Старого друга Нового профессора	
M			-ого
		After consonants **Ж, Ш, Щ, Ч**, when the ending is not stressed and after soft consonants (as in the adjective **синий**) – the ending becomes soft	
	Хороший друг Последний пассажир	Хорошего друга Последнего пассажира	-его
		INANIMATE Accusative = Nominative	
	Какой? Старый красивый дом. Синий костюм	Какой? Я купил старый красивый дом. Я люблю мой синий костюм.	-ый -ий
N	Какое? Новое пальто	Какое? Я купила новое пальто	-ое
		After consonants **Ж, Ш, Щ, Ч**, when the ending is not stressed and after soft consonants (as in the adjective **синий**) – the ending becomes soft	
	Хорошее дело	Мы сделали хорошее дело	-ее
F	Какая? Эта русская фирма Моя хорошая подруга Синяя блузка	ANIMATE and INANIMATE Какую? Я знаю эту русскую фирму Я приглашу мою хорошую подругу Я купила синюю блузку	-ую -юю
PL	PLURAL Какие? Новые студенты и студентки	ANIMATE Каких? Я встречаю новых студентов и студенток	-ых
		After consonants **Г, К, Х, Ж, Ш, Щ, Ч** and after soft consonants (as in the adjective **синий**) – the ending becomes soft	
	Русские хорошие друзья Последние гости	Я встречаю русских хороших друзей последних гостей	-их
	Какие? Новые дома здания книги	INANIMATE Accusative = Nominative Какие? Я вижу новые дома здания книги	-ые
		After consonants **Г, К, Х, Ж, Ш, Щ, Ч** and after soft consonants (as in the adjective **синий**) – the ending becomes soft	
	Коммерческие предложения	Мы пишем коммерческие предложения	-ие

As for nouns, the inanimate masculine adjectives and the adjectives of the neuter gender in the accusative have the same form as in the nominative.
The accusative singular of both the animate and inanimate feminine nouns changes.
The plural of the inanimate adjectives of all genders has the same form as in the nominative.
The plural of the animate adjectives has the same form as the adjectives in the prepositional.

УПРАЖНЕНИЯ / EXERCISES

А. Ask a question: что …. / кого….

1. .... изучает Виктор? 2. ...... любит Пётр? – Он любит Татьяну. 3. ...... ты читаешь? 4. ...... ты пригласишь на вечер? 5. .... вы встретили вчера в театре? 6. .... вы смотрели вчера в театре? 7. ...... встретила Татьяна в аэропорту? 8. ...... ты пишешь? 9. ...... хочет видеть Павел? 10. ..... ты хочешь есть?

Б. Put the words in the correct form:

1. Я люблю слушать ....
(джаз, опера, музыка, концерт)
2. Виктор читает ....
(газета, статья, журнал, брошюра, книга, письмо, факс)
3. Я иду ....
(магазин, спектакль, опера, концерт, работа, банк, выставка, кафетерий)
4. Максим встречает ....
(делегация, журналисты, родители, брат, подруга, мать, дочь, дети, гости)
5. Мы пригласили ....
(друзья, подруги, товарищи, сёстры, братья)
6. Мы видели ....
(профессора, актрисы, специалисты, врачи, студенты и студентки, писатели)

В. Put the personal pronouns in the correct form:

1. Как .... (ты) зовут? 2. Я часто встречаю .... (они) на улице. 3. Где ты купил это польто? - Я купил .... (оно) в магазине на Арбате. 4. Вы видели мою сестру? – Да, я ....(она) видел вчера. 5. Я жду ....(ты) на станции Белорусская. 6. .... (я) зовут Андрей. 7. Наши друзья пригласили .... (мы) в гости. 8. Сколько времени ты писал статью? – Я писал .... (она) час. 9. У меня есть французская подруга. Я знаю .... (она) уже 10 лет.

Г. Put adjectives in the correct form:

1. Завтра мы пойдём в .... (Большой театр). 2. Вчера мы смотрели .... (интересный фильм). 3. Я встречаю на вокзале .... (бельгийские друзья). 4. Я прочитала .... (хорошая книга). 5. Я знаю .... (хороший врач). 6. Мы пригласили на вечер .... (известные профессора). 7. Вчера в клубе я встретила .... (знаменитый актёр). 8. Антон любит .... (бельгийское пиво). 9. Татьяна любит .... (большие собаки). 10. Я приглашаю тебя на .... (футбольный матч). 11. Мы ходили на .... (интересный спектакль).

Д. Ask a correct question for the adjective:
Какой? Какого? Какое? Какую? Какие? Каких?

1. Мы пригласили на вечер <u>хороших</u> друзей. ....?
2. Татьяна взяла в библиотеке <u>историческую</u> книгу. ....?
3. Виктор купил <u>чёрный</u> костюм. ....?
4. Я получила <u>интересное</u> письмо. ....?
5. Я встречаю в аэропорту <u>русского</u> друга. ....?
6. Мы посетили <u>старые</u> города. ....?

Урок 7 / Седьмой урок   Lesson 7

1. The imperative

To form the imperative of verbs, it is necessary to base the form on the first person plural of the verb. Remove the ending «–ем» or «- им». If the stem ends with a vowel, it is necessary to add «-й» for the singular and «-йте» for the plural. If the stem ends with a consonant, it is necessary to add «-и» for the singular and «-ите» for the plural.

Читать → мы читаем → чита- → читай → читайте
Смотреть → мы смотрим → смотр- → смотри → смотрите

There are verbs which form the imperative by means of the soft sign «ь».

Забыть → мы забудем → забуд → забудь → забудьте

The verb «ехать» has forms «езжай» and «езжайте».
The verb «поехать» has forms «поезжай» and «поезжайте».

УПРАЖНЕНИЯ / EXERCICES

A. Put the verbs in the imperative:

1. Антон, ... мне словарь, пожалуйста! (купить)
2. Таня, ... книгу в библиотеке! (взять)
3. .... этот фильм! Он очень интересный! (посмотреть)
4. Не .... взять паспорт и билет на самолет! (забыть)
5. Иван Петрович, ..., пожалуйста, в ресторан и .... два места на четверг. (позвонить, заказать)
6. Ирина Алексеевна, ..., пожалуйста, этот перевод сегодня! (сделать)
7. Таня, ... Антону, что мы придём завтра. (сказать)
8. Театр находится далеко. .... на метро! (ехать)
9. Не ....! У нас есть время! (спешить)
10. Ты фотографировал, когда ты путешествовал? .... фотографии! (показать)
11. Петя, ..., какой спектакль идёт сегодня в театре «Современник». (узнать)
12. ...., пожалуйста, где находится театр? .... прямо, потом налево. (сказать, идти)
13. У тебя есть книга о Москве? .... мне её, пожалуйста! (дать)
14. .... Виктора, когда он едет в Париж? (спросить)
15. .... этот формуляр, пожалуйста! (заполнить)

Урок 8 / Восьмой урок   Lesson 8

1. Genitive

Functions of genitive:
- **Indicate the number and the quantity.**

The genitive is used after numbers. You have already learnt it to indicate the hour. The numbers 2, 3, 4 are followed by the genitive singular.

　　　　Сейчас два часа четыре минуты.

The numbers from 5 until 20 and from 25 until 30 and so on are followed by the genitive plural.

　　　　Фильм начинается в восемь часов тридцать минут.

In compound numbers it is the last figure which influences the choice of the singular or the plural of the genitive.

　　　　Эта книга стоит пятьдесят один рубль двадцать четыре копейки.

After the words - **Сколько? Много. Мало. Несколько**. – we use the plural of the genitive.

В библиотеке много книг.

- The absence of an object or a person.

У Виктора нет сестры. На этой улице нет магазина.

- After the prepositions «у» and «для».

У Татьяны нет машины. Виктор купил цветы для подруги.

The genitive has other functions which you will learn later.

2. The genitive of nouns.

Here are the endings of nouns in the genitive:

	SINGULAR **Nominative** Кто? Что?	**Genitive** Кого? Чего?	
M	Друг Антон Журнал Документ Преподаватель	Друга Антона Журнала Документа Преподавателя	-а
	Николай Словарь	Николая Словаря	-я
N	Письмо Море	Письма Моря	-а -я
F	Сестра Минута Татьяна	Сестры Минуты Татьяны	-ы
	Наталья Статья Площадь	Натальи Статьи Площади	-и
	Книга Маша	Книги Маши	After **Г, К, Х, Ж, Ш, Щ, Ч**, we always use **-И**
	PLURAL Кто? Что?	Кого? Чего?	
M	Студент Журнал Гений Месяц	Студентов Журналов Гениев Месяцев	-ов -ев After **Ц** if the ending is not stressed: - ев
F	Актриса Книга	Актрис Книг	-∅
N	Неделя Окно	Недель Окон	
M F N	Писатель Врач Товарищ Площадь Море	Писателей Врачей Товарищей Площадей Морей	If the endings in singular are: **е, ь**, and after **ж, ш, щ, ч** the ending becomes: -ей
F N	Мария Здание	Марий Зданий	When the endings in the singular are **–ия; -ие**, the ending becomes **–ий**.

To remember:

	Nominative sing/pl	Genitive plural
Masculine	Брат/братья	братьев
	Друг/друзья	друзей
	Сын/сыновья	сыновей
	Сосед/соседи	соседей
	Человек/люди	людей
	Ребёнок/дети	детей
	Родитель/родители	родителей
Feminine	Сестра/ сёстры	сестёр
	Мать/ матери	матерей
	Дочь/дочери	дочерей
	Семья/семьи	семей

3. The personal pronouns in the genitive:

Я	У/для меня	Мы	У/для нас
Ты	У/для тебя	Вы	У/для вас
Он	У/для него	Они	У/для них
Она	У/для неё		

УПРАЖНЕНИЯ / EXERCISES

А. Write *рубль/копейка* in the correct forms:

1/ 23 .... 4 .... 2/ 187 .... 50 .... 3/ 551............... 72 ....
4/ 1 105 .... 93 .... 5/ 849 .... 74 .... 6/ 1000000 ....
7/ 43 739 .... 58 .... 8/ 62 .... 82 .... 9/ 100 .... 99 ....

Б. Put the words in the genitive:

1. У Виктора нет ....
(брат, сын, друг, компьютер, телевизор, документ, журнал, словарь)
2. У Татьяны нет ....
(сестра, дочь, машина, книга, брошюра, собака, кошка, семья, подруга)
3. В этом городе мало ....
(магазины, кафе, рестораны, театры, музеи, библиотеки, клубы, стадионы, кинотеатры, здания, площади)
4. Во Владивостоке мы были десять ....
(год, месяц, неделя, день, час)
5. В ресторане много .... (люди) 6. У меня нет .... ! (время)

В. Put the correct forms after the words *сколько, много, мало, несколько*:

1. Сколько .... в вашей группе? (студент) 2. У меня много .... (книга)
3. Специалисты работали в России несколько .... (неделя) 4. В этом городе мало .... (музей)

Г. Put the correct forms of the nouns:

1. Для кого эти цветы ?
Для ……………………………………………………………………………………………..
(мать, отец, дедушка, бабушка, сестра, брат, актёр, актриса, коллега, Мария, Александр)
2. У кого ты был вчера ?
У ………………………………………………………………………………………………
(врачи, друзья, родители, дочери, товарищи, дети, сёстры, сыновья, братья)

Д. Put the correct forms of the pronouns:

1. Эти цветы для ……….. (ты) 2. Этот документ для Виктора? –Да, для ……….. . (он) 3. У кого есть русско-английский словарь? – У ……….. (я) 4. У ………….. есть интересные фильмы? (вы) 5. У ……….. нет билетов в кино. (они) 6. У ……….. много проблем. (мы) 7. Я купила для ……….. красивый фотоальбом. (она)

Урок 9 / Девятый урок — Lesson 9

Revision

А. Choose the correct answer (lessons 5, 7):

1. Я должна посмотреть это слово в словаре. - Таня, ……………. мне, пожалуйста, словарь.	А. Дай Б. Давай
2. Я каждый день ……………….. эту газету.	А. Буду читать Б. Прочитаю
3. Обычно Татьяна …………….. на занятия. Но сегодня она не ……………… .	А. Опоздала Б. Опаздывает
4. Сколько времени ты …………….. этот перевод?	А. Сделаешь Б. Будешь делать
5. ……………….., пожалуйста, как пройти в центр?	А. Говорите Б. Скажите
6. Вчера мы ………………. в кафе. Мы каждую субботу …………….. в этом кафе.	А. Встречаемся Б. Встретились
7. У меня нет этой книги. Я должна завтра ………….. её в библиотеке.	А. Брать Б. Взять
8. Когда я завтракаю, я люблю …………… радио.	А. Слушать Б. Послушать
9. Я ………….. тебе эту книгу завтра.	А. Буду давать Б. Дам
10. Сегодня идёт дождь. Не ………….. взять зонтик!	А. Забудь Б. Забывай
11. Ты ……………. вчера телевизор? – Нет, у меня не было времени.	А. Посмотрел Б. Смотрел
12. Сначала Татьяна …………… домашнее задание, потом начала читать книгу.	А. Делала Б. Сделала

Б. Put the verbs in the imperative (lesson 7):

1. ……………… эту статью! Она очень интересная. (прочитать). 2. ……………….. эту историю ещё раз, пожалуйста! (рассказать) 3. ……………. документ. Я должен прочитать его сегодня. (найти) 4. ………………, пожалуйста, билеты в театр на субботу. (заказать) 5. Как проехать в центр? - ……………… на автобусе. (ехать) 6. Иван Петрович, не ……………… позвонить в Москву! (забыть) 7. ………….. эту книгу в библиотеке. (взять) 8. ……………… в каком кинотеатре идёт этот фильм. (узнать)

21

В. Put the correct form of the verb (lesson 5):

1. Я начала .... эту книгу вчера.	А. читать Б. прочитать
2. Мы продолжаем .... этот проект.	А. сделать Б. делать
3. Виктор кончит .... перевод в 15 часов.	А. делать Б. сделать

Г. Form questions (lesson 6):

1. .... ты пригласил на вечер? – Хороших друзей. 2. .... встречает Александр в аэропорту? – Он встречает Поля. 3. .... ты читаешь? – Я читаю интересную статью. 4. .... ты будешь есть? – Борщ и котлеты. 5. .... любит Пётр? – Машу.

Д. Put the personal pronouns in the correct form (lesson 6):

1. Это наши хорошие друзья. Мы знаем .... уже десять лет. 2. Завтра прилетит моя сестра. Я поеду встречать .... в аэропорт. 3. Где Виктор? Я .... ищу. 4. Это твоя собака? Я не знаю как .... зовут. 5. Виктор, я .... сто лет не видел! Как ты? 6. Завтра мы идём в гости. Наши друзья пригласили .... 7. Вы завтра будете в клубе? Как я .... могу найти?

Е. Ask questions using the word «какой» in the correct form (lesson 6):

1. .... ресторан вы идёте сегодня? 2. .... выставку вы ходили вчера? 3. .... журналистов вы пригласили на вечер? 4. .... пиво ты любишь? 5. .... преподавателя видела Татьяна? 6. .... иностранный язык ты изучаешь?

Ё. Write in the correct form (lesson 6):

1. Вчера мы ходили .... (русский ресторан) 2. Татьяна встретила .... (французские журналисты) 3. Мы пригласили на вечер .... (известный профессор) 4. Я прочитала .... (интересная книга) 5. Пётр купил .... (красивое пальто) 6. Вчера я встретила .... (новые коллеги) 7. Поль хочет увидеть .... (русские друзья) 8. Я пригласила в гости .... (хороший друг) 9. Я ищу .... (вчерашняя газета) 10. Я знаю .... (американские актрисы)

Ж. Choose the correct form (lesson 8):

1. Сколько .... в году вы работаете?	А. Месяц Б. Месяцы В. Месяцев
2. В магазине много	А. Людей Б. Люди
3. У фирмы мало	А. Клиенты Б. Клаента В. Клиентов
4. В прошлом году я несколько .... была в России.	А. Дня Б. Дней В. Дни
5. .... кого нет компьютера? 6. .... кого ты купил цветы?	А. У Б. Для

3. Put the words in the correct form (lesson 8):

1. Я знаю пять .... (писатель) 2. В магазине нет интересных .... (книги) 3. У .... три .... (Поль, сын) 4. Летом в театре нет .... (спектакли) 5. У .... ты был вчера? (кто) 6. Поль купил подарки для .... (дочери) 7. Сколько .... в этой клинике? (врач) 8. Эта фирма построила десять .... (здание) 9. Виктор писал книгу шесть .... (месяц) 10. Я .... не купила. (ничто) 11. У .... есть четыре .... (Маша, подруга) 12. В библиотеке нет русско-французского .... (словарь) 13. Сейчас у .... каникулы. (студенты)

Ключи к упражнениям   Keys to exercises

Lesson 1

А. Put in *один, одна, одно, одни*:
1. Одна 2. Одно. 3. Один. 4. Одно. 5. Один 6. Один. 7. Одни. 8. Один. 9. Одна.

Б. Put in *два, две*:
1. Два. 2. Две. 3. Два. 4. Две. 5. Два/две.

В. Put in the correct form of the words *час* **and** *минута*:
1. Часа/минуты . 2. Час/минут. 3. часа/минуты . 4. Часов/минут. 5. Часов/минут . 6. Часа/минута .

Г. Put in where necessary, the preposition «в»:
1. в. 2. -. 3. в. 4. в. 5. -. 6. -. 7. в. 8. в. 9. -.

Д. Write in the correct form of the words *день, неделя, месяц, год*:
1. год. 2. неделю. 3. месяцев. 4. дней. 5. месяца. 6. лет. 7. года. 8. недель, недели. 9. месяц. 10. дня. 11. день.

Lesson 2

А. Answer the questions by using the days of the week: в понедельник, во вторник, в среду, в четверг, в пятницу, в субботу, в воскресенье.

Б. Put the verbs «ходить» / «ездить» in the past tense:
1. ездил 2. ходили 3. ездили. 4. ездил/ездила 5. ходил 6. ходили

В. Use the words «потому что» / «поэтому»:
1. потому что 2. поэтому 3. потому что 4. поэтому

Г. Answer the questions by using sentences with the word «назад»:
1. 3 месяца назад. 2. неделю назад. 3. 2 часа назад. 4. 5 лет назад. 5. 7 месяцев назад.

Lesson 3

А. Put the sentences in the future tense:
1. будет смотреть. 2. буду отдыхать. 3. будем играть. 4. будешь ужинать 5. будете читать 6. будут изучать. 7. будешь есть 8. будете

Б. Put the sentences in the future tense:
1. поедет 2. пойдем 3. поедем 4. пойдёт

В. Answer the questions by using sentences with the word «через»:
1. через 5 минут. 2. через 2 недели. 3. через полтора часа. 4. через 5 лет.

Г. Ask questions relating to the underlined words:
1. о ком? 2. о чём? 3. о чём? 4. о ком?

Д. Put the personal pronouns in the correct form:
1. о тебе 2. о нём. 3. о ней. 4. о вас. 5. о них. 6. о нас 7. обо мне.

Е. Put the adjectives in the correct form:
1. красивой. 2. интересном. 3. хорошем. 4. интересной. 5. серьезных. 6. европейских. 7. хорошей.

Ё. Ask questions using the word «какой» in the correct form:
1. В каких 2. О какой 3. В какой 4. В какой 5. О каком 6. О каком 7. В каких

Lesson 4

А. Choose the correct answer (lessons 1, 2 and 3):
1. Г 2. В 3. А 4. Б 5. Б 6. А 7. В 8. Б 9. А 10. В 11. Б 12. А 13. Б 14. В

Б. Put the verbs *ходить/ездить/быть* **in the past tense (Lesson 2):**
1. ходила 2. была 3. ездил 4. был

В. Ask questions *Куда? Где?* **(Lesson 2):**
1. Где 2. Где 3. Куда 4. Где 5. Куда 6. Куда

Г. Write *Назад/через* **(Lessons 2 and 3):**
1. назад 2. через 3. через 4. назад

Д. Write *потому что/поэтому* **(Lesson 2):**
1. потому что 2. потому что 3. поэтому 4. поэтому

Е. Write the verbes *идти, ходить, пойти, ехать, ездить, поехать* **(Lessons 2 and 3):**
1. иду 2. поеду 3. ходил 4. едете 5. ездили/поедете 6. пойдёшь

Ё. Ask questions *о ком/о чём* **(Lesson 3):**
1. о ком 2. о чём 3. о чём 4. о ком

Ж. Put the personal pronouns in the correct forms (Lesson 3):
1. о тебе 2. обо мне 3. о ней 4. о них 5. о нас 6. о нём 7. о вас

З. Ask questions using the word «какой» in the correct form, pay attention to the prepositions (Lesson 3):
1. В каком 2. На каком 3. В какой 4. О каком 5. В каком 6. О каких 7. На какой
8. О какой 9. В каком 10. На каких

И. Put adjectives in the correct forms and with the correct preposition (Lesson 3):
1. В большом, маленьком, красивом, новом, старом, уютном, современном
2. О красивой, интересной, лёгкой, романтичной, нетрудной
3. О политических, финансовых, экономических, социальных, семейных

Lesson 5

А. Use the correct aspect of the verb (the first verb is in the imperfective, the second is in the perfective):
1. делал 2. читал 3. читал, читал, прочитал, прочитал 4. покупаешь, покупаю, купил.
5. ужинаю, смотрю. 6. поужинал, смотреть. 7. смотри. 8. сделала, сделала.

В. Put the sentences in the future tense, use the perfective verbs:
1. сделаю 2. прочитаю 3. позвонит 4. напишет 5. купим 6. опоздает

Lesson 6

А. Ask a question: *что …. / кого….*
1. что 2. кого 3. что 4. кого 5. кого 6. что 7. кого 8. что 9. кого 10. что

Б. Put the words in the correct form:
1. джаз, оперу, музыку, концерт
2. газету, статью, журнал, брошюру, книгу, письмо, факс
3. в магазин, на спектакль, на оперу, на концерт, на работу, в банк, на выставку, в кафетерий
4. делегацию, журналистов, родителей, брата, подругу, мать, дочь, детей, гостей
5. друзей, подруг, товарищей, сестёр, братьев
6. профессоров, актрис, специалистов, врачей, студентов и студенток, писателей

В. Put the personal pronouns in the correct form:
1. тебя 2. их 3. его 4. её. 5. тебя 6. меня 7. нас 8. её 9. её

Г. Put adjectives in the corect form:
1. в Большой театр 2. интересный фильм 3. бельгийских друзей 4. хорошую книгу 5. хорошего врача 6. известных профессоров
7. знаменитого актёра 8. бельгийское пиво 9. больших собак 10. футбольный матч 11. интересный спектакль

Д. Ask a correct question for the adjectives:
Какой? Какого? Какое? Какую? Какие? Каких?
1. каких 2. какую 3. какой 4. какое 5. какого 6. какие

Lesson 7

A. Put the verbs in the imperative:

1. купи 2. возьми 3. посмотри 4. забудь 5. позвоните, закажите 6. сделайте 7. скажи 8. езжайте 9. спеши/те 10. покажи 11. узнай 12. скажите, идите 13. дай 14. спроси/те 15. заполни/те

Lesson 8

А. Write *рубль/копейка* **in the correct forms:**

1/ 23 рубля 4 копейки . 2/ 187 рублей 50 копеек . 3/ 551 рубль 72 копейки . 4/ 1 105 рублей 93 копейки . 5/ 849 рублей 74 копейки. 6/ 1000000 рублей .7/ 43 739 рублей 58 копеек. 8/ 62 рубля 82 копейки . 9/ 100 рублей 99 копеек .

Б. Put the words in the genitive:

1. брата, сына, друга, компьютера, телевизора, документа, журнала, словаря
2. сестры, дочери, машины, книги, брошюры, собаки, кошки, семьи, подруги
3. магазинов, кафе, ресторанов, театров, музеев, библиотек, клубов, стадионов, кинотеатров, зданий, площадей
4. лет, месяцев, недель, дней, часов
5. людей 6. времени

В. Put the correct forms after the words *сколько, много, мало, несколько* **:**

1. студетов 2. книг 3. недель 4. музеев

Г. Put the correct forms of the nouns:

1. матери, отца, дедушки, бабушки, сестры, брата, актёра, актрисы, коллеги, Марии, Александра
2. врача, друзей, родителей, дочерей, товарищей, детей, сестёр, сыновей, братьев

Д. Put the correct forms of the pronouns:

1. тебя 2. него 3. меня 4. вас 5. них 6. нас 7. неё

Lesson 9

А. Choose the correct answer (Lessons 5, 7):

1. А **2.** А **3.** Б, А **4.** Б **5.** Б **6.** Б, А **7.** Б **8.** А **9.** Б **10.** А **11.** Б **12.** Б

Б. Put the verbs in the imperative (Lesson 7):

1. прочитай. 2. расскажи 3. найди 4. закажи 5. езжайте 6. забудьте 7. возьми 8. узнай

В. Put the correct form of the verb (Lesson 5):

1. А 2. Б 3. А

Г. Form questions (Lesson 6):

1. Кого 2. Кого 3. Что 4. Что 5. Кого

Д. Put the personal pronouns in the correct form (Lesson 6):

1. их 2. её 3. его 4. её 5. тебя 6. нас 7. вас

Е. Ask questions using the word «какой» in the correct form (Lessons 6):

1. В какой 2. На какую 3. Каких 4. Какое 5. Какого 6. Какой

Ё. Write in the correct form (Lessons 6):

1. в русский ресторан 2. французских журналистов 3. известного профессора 4. интересную книгу 5. красивое пальто 6. новых коллег 7. русских друзей 8. хорошего друга 9. вчерашнюю газету 10. американских актрис

Ж. Choose the correct form (Lesson 8):

1. В 2. А 3. В 4. Б 5. А 6. Б

З. Put the words in the correct form (Lesson 8):

1. писателей 2. книг 3. Поля, сына 4. спектаклей 5. кого 6. дочерей 7. врачей 8. зданий 9. месяцев 10. ничего 11. Маши, подруги 12. словаря 13. студентов

DECLENSIONS: NOUNS
THE GENITIVE of nouns. Кого? Чего? (у/для)

SINGULAR			
	Nominative Кто? Что?	**Genitive** Кого? Чего?	
	Друг	Друга	**-а**
	Антон	Антона	
	Журнал	Журнала	
	Документ	Документа	
	Преподаватель	Преподавателя	
	Николай	Николая	**-я**
	Словарь	Словаря	
	Письмо	Письма	**-а**
	Море	Моря	**-я**
	Сестра	Сестры	**-ы**
	Минута	Минуты	
	Татьяна	Татьяны	
	Наталья	Натальи	
	Статья	Статьи	**-и**
	Площадь	Площади	
	Книга	Книги	After **Г, К, Х, Ж, Ш, Щ, Ч**, we always use **–И**
	Маша	Маши	

PLURAL			
	Кто? Что?	Кого? Чего?	
M	Студент	Студентов	**-ов**
	Журнал	Журналов	
	Гений	Гениев	**-ев**
	Месяц	Месяцев	After **Ц** if the ending is not stressed: **- ев**
F	Актриса	Актрис	**-Ø**
	Книга	Книг	
N	Неделя	Недель	
	Окно	Окон	
M	Писатель	Писателей	If the endings are: **е, ь**, and after **ж, ш, щ, ч** the ending becomes: **-ей**
F	Врач	Врачей	
N	Товарищ	Товарищей	
	Площадь	Площадей	
	Море	Морей	
F	Мария	Марий	When the endings in the singular are **–ия; -ие** the ending becomes **–ий**.
N	Здание	Зданий	

TO REMEMBER !	Nominative sing/pl	Genitive plural = as the accusative
Masculine	Брат/братья	братьев
	Друг/друзья	друзей
	Сын/сыновья	сыновей
	Сосед/соседи	соседей
	Человек/люди	людей
	Ребёнок/дети	детей
	Родитель/родители	родителей
Feminine	Сестра/ сёстры	сестёр
	Мать/ матери	матерей
	Дочь/дочери	дочерей
	Семья/семьи	семей

THE ACCUSATIVE of nouns. Кого? Что? Куда? Когда? (в/на)

		SINGULAR	
	Nominative	**Accusative** **ANIMATE**	
	Кто?	Кого?	As the genitive
M	Друг Антон Преподаватель Николай	Друга Антона Преподавателя Николая	-а -я
		INANIMATE Accusative = Nominative	
	Что?	Что?	As the nominative
M M N	Журнал Документ Концерт Письмо	Я читаю журнал Я пишу документ Я слушаю концерт Я пишу письмо	
		ANIMATE AND INANIMATE	
	Кто? Что?	Кого? Что?	
F	Подруга Татьяна Наталья Газета Статья Площадь	Подругу Татьяну Наталью Я читаю газету Я пишу статью Я люблю эту площадь	- а → - у - я → - ю - ь
		PLURAL	
		ANIMATE	As the genitive
	Кто?	Кого?	
M	Студент Гений	Студентов Гениев	-ов -ев
	Писатель Врач Товарищ	Писателей Врачей Товарищей	If the endings are: **ь, ж, ш, щ, ч** the ending becomes: **-ей**
F	Актриса Лошадь Мария	Актрис Лошадей Марий	а → no ending ь → ей ия → ий
		INANIMATE Что?	
M/F N F	Журналы и газеты Письма Лекции	Я читаю журналы и газеты Я пишу письма Я слушаю лекции	As the nominative

To remember!	Nominative sing/pl	Accusative, plural = as the genitive
Masculine	Брат/братья	братьев
	Друг/друзья	друзей
	Сын/сыновья	сыновей
	Сосед/соседи	соседей
	Человек/люди	людей
	Ребёнок/дети	детей
	Родитель/родители	родителей
Feminine	Сестра/ сёстры	сестёр
	Мать/ матери	матерей
	Дочь/дочери	дочерей

THE PREPOSITIONAL of nouns. Где? На чём? О ком? О чём? (в/на/о)

		SINGULAR	
	Nominative	**Prepositional**	
M	Стол Музей Словарь	В столе О музее В словаре	
N	Письмо Море	В письме На море	- Е
F	Почта Семья	На почте О семье	
	Площадь	На площади	
M N F	Санаторий Здание Россия	В санатории В здании В России	- И - ИИ
		PLURAL	
M	Город Музей Санаторий Словарь	В городах В музеях В санаториях В словарях	- ах - ях
N	Окно Море Здание	На окнах В морях В зданиях	- ах - ях
F	Газета Семья Организация Тетрадь	В газетах В семьях В организациях В тетрадях	- ах - ях

To remember!

Где?		
	В аэропорту	В саду
	В шкафу	На берегу
	На мосту	В лесу

ADJECTIVES

THE ACCUSATIVE of adjectives. Какого? Какой? Какое? Какую? Каких? Какие? (в/на)

		SINGULAR	
M	**Nominative** Какой? Старый друг Новый профессор	**ANIMATE** **Accusative** (в/на) Какого? Старого друга Нового профессора	-ого
		After consonants Ж, Ш, Щ, Ч, when the ending is not stressed and after soft consonants (as in the adjective синий) – the ending becomes soft	
	Хороший друг Последний пассажир	Хорошего друга Последнего пассажира	-его
N		**INANIMATE** **Accusative = Nominative**	
	Какой? Старый красивый дом. Синий костюм	(в/на) Какой? Я купил старый красивый дом. Я люблю мой синий костюм.	-ый -ий
	Какое? Новое пальто	(в/на) Какое? Я купила новое пальто	-ое
		After consonants Ж, Ш, Щ, Ч, when the ending is not stressed and after soft consonants (as in the adjective синий) – the ending becomes soft	
	Хорошее дело	Мы сделали хорошее дело	-ее
F	Какая? Эта русская фирма Моя хорошая подруга Синяя блузка	**ANIMATE AND INANIMATE** (в/на) Какую? Я знаю эту русскую фирму Я приглашу мою хорошую подругу Я купила синюю блузку	-ую -юю
		PLURAL	
M F	Какие? Новые студенты и студентки	**ANIMATE** (в/на) Каких? Я встречаю новых студентов и студенток	-ых
		After consonants Г, К, Х, Ж, Ш, Щ, Ч and after soft consonants (as in the adjective синий) – the ending becomes soft	
	Русские хорошие друзья Последние гости	Я встречаю русских хороших друзей последних гостей	-их
M N F	Какие? Новые дома здания книги	**INANIMATE** **Accusative = Nominative** (в/на) Какие? Я вижу новые дома здания книги	-ые
		After consonants Г, К, Х, Ж, Ш, Щ, Ч and after soft consonants (as in the adjective синий) – the ending becomes soft	
	Коммерческие предложения	Мы пишем коммерческие предложения	-ие

THE PREPOSITIONAL of adjectives. Каком? Какой? Каких? (в/на/о)

		SINGULAR	
M N	**Nominative** **Какой? Какое?** Этот/тот старый красивый дом. Это/то новое пальто	**Prepositional** **в/на/о каком?** В этом/том старом красивом доме Об этом/том новом пальто	-ом
		After consonants Ж, Ш, Щ, Ч, when the ending is not stressed and after soft consonants (as in the adjective синий) – the ending becomes soft	
	Хороший друг Синий костюм	О хорошем друге В синем костюме	-ем
F	**Какая?** Эта русская фирма	**В/на/о какой** В этой русской фирме	-ой
		After consonants Ж, Ш, Щ, Ч, when the ending is not stressed and after soft consonants (as in the adjective синий) – the ending becomes soft	
	Хорошая подруга Синяя блузка	О хорошей подруге В синей блузке	-ей
		PLURAL	

M N F	**Какие?**
	Эти/те новые дома
	        здания
	        книги
		в/на/о каких?
		Об этих/тех новых домах
		        зданиях
		        книгах
			-ых

		After consonants Г, К, Х, Ж, Ш, Щ, Ч and after soft consonants (as in the adjective синий) – the ending becomes soft	
	Коммерческие дела	О коммерческих делах	-их

PERSONAL PRONOUNS

Nominative	Genitive	Accusative	Prepositional
Я	У/для меня	Меня	Во/на/обо мне
Ты	У/для тебя	Тебя	В/на/ о тебе
Он	У/для него	Его	В/на/о нём
Она	У/для неё	Её	В/на/о ней
Мы	У/для нас	Нас	В/на /о нас
Вы	У/для вас	Вас	В/на/о вас
Они	У /для них	Их	В/на/о них

USE OF THE PREPOSITIONS WITH THE CASES

Preposition	Question	Case	Example
В	*Где?*	Prepositional	Я живу в Москве.
	Когда? *Куда?*	Accusative	Я отдыхаю в субботу. Фильм начинается в 18:00 часов. Я еду в Россию.
На	*Куда?*	Accusative	Я иду на работу.
	Где? *Как?* *(На чём?)*	Prepositional	Мы были на Кубе. Мы едем на автобусе.
О	*О ком?* *О чём?*	Prepositional	Марина думает о дочери. Антон читает статью об экономике.
У	*У кого?*	Genitive	У Ирины есть собака.
Для	*Для кого?*	Genitive	Этот подарок для Татьяны.

Vera SMIRNOVA & Co-East-West Information
Services

Russian language classes, translation, interpretation

Cours de langue russe, traduction, interprétariat

Avenue de la Chasse, 200
1040 Bruxelles, Belgique
Tél./Fax: 32 (0) 2 735 19 44
Tél.mobile: 32 (0) 473 94 01 75
e-mail: info@vs-ewis.com
Web: www.vs-ewis.com

The intensive classes of the Russian language in Brussels - 30 hours takes place every year during the last two weeks of August

Le cours intensif de langue russe à Bruxelles – 30 heures – a lieu chaque année les deux dernières semaines du mois d'août

Russian language learning in Moscow

Les stages de langue russe à Moscou